Tatou

le matou

LE FRANÇAIS POUR LES PETITS

Méthode pour l'enseignement
du français langue étrangère aux jeunes enfants

Muriel Piquet - Hugues Denisot

Sous la direction d'Atalante Innovations

Dessins : Rebecca Dautremer

HACHETTE
Français langue étrangère
43, quai de Grenelle, 75905 Paris Cedex 15.

www.hachettefle.fr
www.tatoulematou.com

À Elise et à Guitty.

Remerciements :
*Nous désirons exprimer notre très vive gratitude à l'ensemble
de l'équipe qui a participé à la réalisation de cette méthode et
tout particulièrement à Sarah Carlier, éditrice de* Tatou, le matou.
*Notre reconnaissance va également à Catherine Le Hellaye
pour sa participation.
Enfin, notre reconnaissance la plus vive à Koen et à Emmanuel
pour leur soutien tout au long de ce projet.*

Illustrations : Rebecca Dautremer
Conception graphique et Réalisation :
Valérie Goussot et Delphine d'Inguimbert

Couverture : Amarante
Secrétariat d'édition : Florence Nahon
Photogravure : Nord Compo

ISBN : 978-2-01-155186-3

Avant-propos

Tatou le matou, méthode pour l'apprentissage du français par les petits, est le fruit d'une longue expérience de l'enseignement aux enfants. Au delà de l'apprentissage d'une langue étrangère, notre démarche vise à développer des compétences transversales. En effet, à cet âge, il est important de mobiliser toutes les ressources des petits pour leur permettre d'apprendre en se formant. C'est ce qui a présidé au choix thématique des quatre modules de Tatou.

Le module un, *Tatou et les 5 sens*, donne le ton à l'ensemble de la méthode. C'est grâce à ses cinq sens que l'enfant va explorer de nouvelles sonorités, découvrir un nouvel environnement dans lequel il va pouvoir s'épanouir et se construire. Cette approche multi-sensorielle se retrouve de façon concrète dans les activités puisque les enfants vont chanter, danser, manipuler des objets, fabriquer des tapis sensoriels, goûter, etc.

Reconnaître que l'apprentissage d'une langue étrangère fait partie d'un processus éducatif, c'est accepter que l'objet d'étude n'est pas la langue en elle-même mais que cette langue est utilisée comme véhicule de tout apprentissage dont celui de la citoyenneté. Ceci justifie notre choix thématique pour le troisième module, *Tatou et les quatre éléments*, les quatre éléments permettant de sensibiliser les enfants aux problèmes de respect et de protection de l'environnement.

Garder à l'esprit que l'enfant est doué d'une ouverture d'esprit, d'une facilité à entrer dans les mondes du rêve, de la magie ; c'est dépasser avec lui l'aspect fonctionnel de la langue, c'est cheminer avec lui dans ses propres visions du monde, c'est lui proposer un univers riche, varié. Dans les modules 2 et 4 nous avons voulu à travers deux histoires, *Le Petit Chaperon rouge* et *Le Mariage de Souricette*, non seulement entraîner les enfants dans l'imaginaire mais aussi amorcer une première culture livresque qu'ils pourront confronter à leur propre culture.

Nous avons hâte de connaître vos impressions sur Tatou, le matou, de voir comment il a pris vie grâce à vous. Nous vous donnons rendez-vous sur son site pour échanger vos pratiques de classe, trouver des idées pour aller plus loin et pour trouver un portfolio à personnaliser pour chacun de vos élèves. En attendant, nous espérons que vous éprouverez autant de satisfaction à utiliser ce matériel que nous en avons eu à l'élaborer.

À bientôt pour de nouvelles aventures avec Tatou.

Muriel Piquet   Hugues Denisot

sommaire

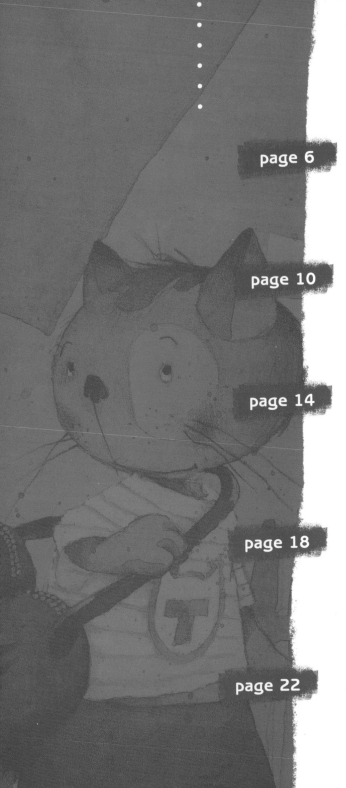

Tatou et les cinq sens

6 C'est la nuit, écoute…

♪ ♫ # Chanson

Je suis...

Je suis Tatou, le chat, Miaou !
Dans mon sac bleu, je mets...
Je suis Tatou, le chat, Miaou !
Dans mon sac bleu, je mets
Le bruit du vent
Le bruit du vent
La voix d'une maman
La voix d'une maman

Je suis Tatou, le chat, Miaou !
Dans mon sac bleu, je mets...
Je suis Tatou, le chat, Miaou !
Dans mon sac bleu, je mets
Le chant du hibou
Le chant du hibou
Le hurlement du loup
Le hurlement du loup

Je suis Tatou, le chat...
Miaou !

Cherche l'indice

Écoute pour trouver le bruit caché derrière le « ? ».

10 C'est le matin, que fait Tatou ?

Chanson

Dans mon sac...

Dans mon sac, dans mon sac
Je mets ce que je touche...
Dans mon sac, dans mon sac
Je mets ce que touche ma patte
Dans mon sac en forme de main :
Une plume
C'est doux, c'est doux
Un cactus
Ça pique, ça pique
Un chat en peluche
C'est doux, c'est doux
Et le bec du hibou
Dis-moi si ça pique, ou si c'est doux ?!...
Aïe ! Miaou !

Cherche l'indice

Compare le dessin page 11 et ce dessin et trouve l'intrus.

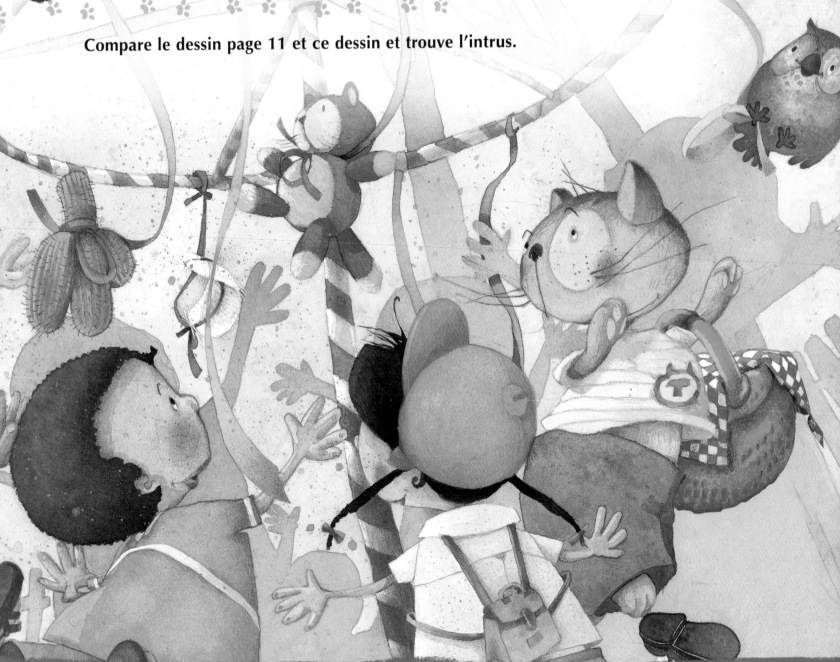

C'est l'après-midi. Écoute!

Que fait Tatou, le chat?

Chanson

Ce que je sens !

Je suis Tatou, le chat,
Je suis Tatou, le chat
Miaou !
Dans mon sac jaune, il y a
Il y a ce que je sens
Il y a ce que je sens
Miaou !

Je suis Tatou, le chat,
Je suis Tatou, le chat,
Miaou !
Dans mon sac jaune, il y a
Il y a ce que je mets
Il y a ce que je mets
Miaou !

Je suis Tatou, le chat,
Je suis Tatou, le chat,
Miaou !
Dans mon sac jaune, je mets
Je mets tout ce que je sens
Miaou !

Ça sent, ça sent, ça sent bon
Le bois et le vent
Ça sent, ça sent, ça sent bon
Le bois et le linge dans le vent,
Ça sent, ça sent, ça sent bon
Le parfum des roses,
Ça sent, ça sent quelque chose
Je ne sais pas quoi,
Mais… Ça sent bon, ça sent bon chez moi !

Cherche l'indice

Retrouve Rose « petite fille ».

18 C'est l'heure du goûter. Écoute...

Que fait Tatou, le chat ?

Chanson

Je suis cuisinier…

Je suis Tatou
C'est moi le chat
Je suis cuisinier !
Goûtez ! Goûtez !

Une tarte aux pommes
Comme elle est bonne !
Un bon chocolat
Moi, j'adore ça !

Et toi Tatou
Le cuisinier
Que veux-tu manger
Pour le goûter ?

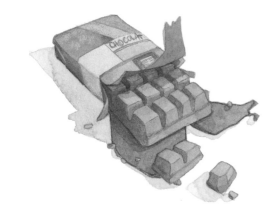

Je voudrais goûter
Mes chers amis
Votre fameuse
Salade de fruits.

Cherche l'indice

Quelle est la différence entre les deux images ?

C'est le soir. Écoute...

Que fait Tatou, le chat ?

Chanson

Les p'tits fous...

Le soir et la nuit
Avec mes amis
Le renard, le loup
On fait les p'tits fous
Le soir et la nuit
Avec mes amis
Pour nous, il fait clair
Pas besoin de lumière

Le soir et la nuit
Avec mes amis
Le chat, le hibou
On voit tout, tout, tout
Le soir et la nuit
Avec mes amis
Pour nous, tout est net
Pas besoin de lunettes

Cherche l'indice

Quelle image est dessinée quatre fois dans le tableau ?

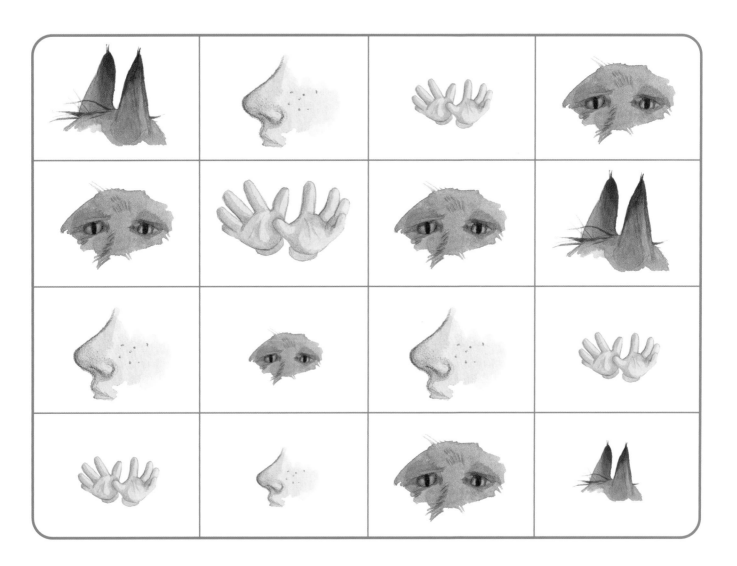

Le Petit Chaperon rouge

→ *Cahier d'activités p. 19-31,*
   activités complémentaires p. 22-23, 26-27.

Il était une fois une petite fille qui s'appelait le Petit Chaperon rouge.

Dans la forêt, elle rencontre Monsieur le loup.

Les textes sur l'illustration : PAR ICI, PAR LÀ

Le Petit Chaperon rouge s'amuse dans la forêt.

Le loup arrive le premier chez la grand-mère du Petit Chaperon rouge.

Le Petit Chaperon rouge arrive chez sa grand-mère.

Le loup est dans le lit.

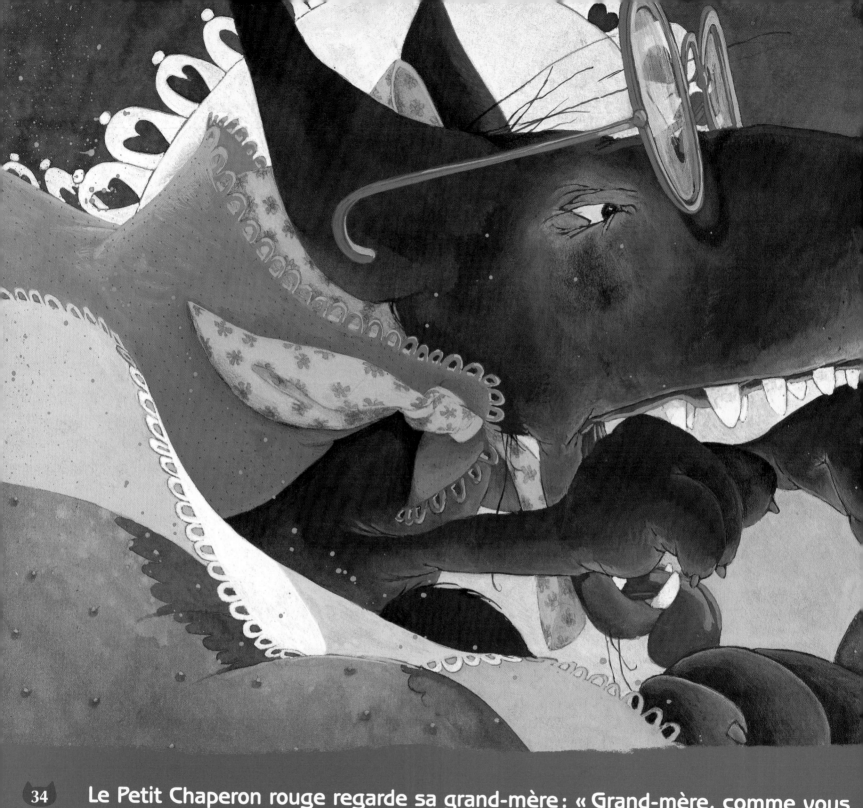

Le Petit Chaperon rouge regarde sa grand-mère : « Grand-mère, comme vous

avez de grandes dents !». Le loup se jette sur le Petit Chaperon rouge…

Tatou et les quatre éléments

Tatou, le chat, arrive chez Edmond, le dragon.

Écoute…

 # Chanson

Lundi, mardi...

Lundi, orageux

Mardi, le vent souffle

Mercredi, il pleut

Et jeudi le soleil brille

Vendredi, heureux

La neige est tombée

Samedi, dimanche

On reste devant la cheminée.

Cherche l'indice

Qu'est-ce qui ne fait pas de bruit ?

Tatou, le chat, arrive chez Éloi, le roi des airs.

Écoute…

Pauvre Éloi

Éloi, le roi des airs,

Est en colère

Les fumées des cheminées

Le font tousser

« Eh Oh ! De l'air, de l'air !

Laissez-moi respirer ! »

Mais un courant d'air

Le fait éternuer :

« Atchoum ! » Sur la Terre,

Un ouragan est né !

Adieu usines, voitures, fumées,

Envolées !

Éloi, le roi des airs

Est enchanté !

Cherche l'indice

Quelle image est reproduite quatre fois ?

Tatou, le chat, arrive chez Irène, la sirène.

Écoute…

Allô

De l'eau gaspillée,
Une larme pour pleurer
Une gourde pour boire
Pour arroser, un arrosoir
Un lac pour nager
Et pour naviguer
Un petit bateau
Un bateau

refrain

Allô, Allô
De l'eau, de l'eau
Oui mais pas trop
Allô Allô
C'est pas la mer à boire !
Allô, Allô
De l'eau, de l'eau
Oui mais pas trop
Allô Allô
C'est pas la mer à boire !
Tu peux me croire

De l'eau gaspillée
Une larme pour pleurer
Une douche chaque soir
Pour se baigner, une baignoire
Une goutte t'es mouillé
Et pour rigoler
Un petit tuyau
Un tuyau

Cherche l'indice

Quel est le point commun entre ces objets?

50 Tatou, le chat, arrive chez Lucienne, la magicienne.

Écoute...

Lucienne, la magicienne

Lucienne, la magicienne
A de la peine
La Terre a mal aux pôles
La Terre a mal aux mers
Monte sur ses épaules
Cherche le bon air.

Lucienne, la magicienne
A de la peine
La Terre a mal aux fleurs
La Terre a mal aux bois
Offre lui ton cœur
Elle compte sur toi.

Cherche l'indice

Quel est l'animal que tu n'as jamais vu dessiné ?

Le mariage de Souricette

→ *Cahier d'activités p. 48-49, 50-51, 52-53, 56-57, activités complémentaires p. 54-55, 58-59.*

Il était une fois un rat qui s'appelait Raton.

Raton veut trouver un mari pour sa fille Souricette.

Raton traverse la forêt. Il arrive chez le soleil.

Raton traverse la mer. Il arrive chez le nuage.

Raton voyage à travers le ciel. Il arrive chez le vent.

Raton traverse le désert. Il arrive au pied du mur.

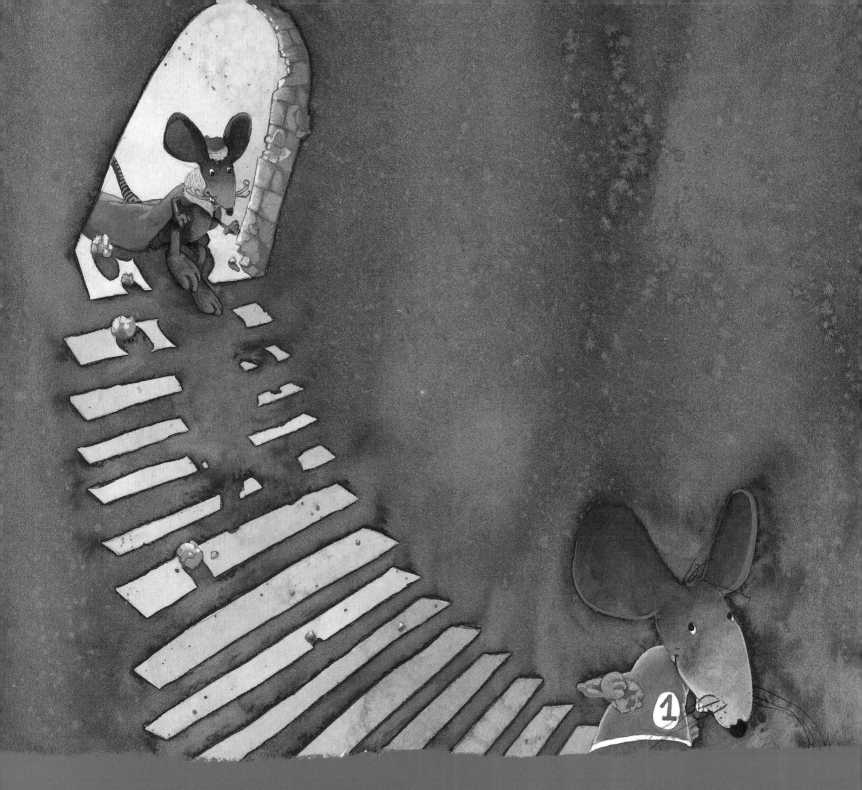

Raton descend l'escalier. Il arrive chez le rat gris.

Raton marie sa fille Souricette avec le rat gris.

Imprimé en France par I.M.E. - 25110 Baume-les-Dames
Dépôt légal : 95528-08/2011 - Collection n° 38 - Édition 09
15/5186/0

Hot Water Boilers

Dearborn™
Home Inspection

This publication is designed to provide accurate and authoritative information in regard to the subject matter covered. It is sold with the understanding that the publisher is not engaged in rendering legal, accounting, or other professional service. If legal advice or other expert assistance is required, the services of a competent professional person should be sought.

President: Roy Lipner
Publisher and Director of Distance Learning: Evan M. Butterfield
Senior Development Editor: Laurie McGuire
Content Consultant: Alan Carson
Production Coordinator: Daniel Frey
Creative Director: Lucy Jenkins